Bibliografische Information der Deutschen Nationalbibliothek:

Die Deutsche Bibliothek verzeichnet diese Publikation in der Deutschen National-bibliografie; detaillierte bibliografische Daten sind im Internet über http://dnb.d-nb.de/ abrufbar.

Impressum:

Copyright © 2019 GRIN Verlag
Druck und Bindung: Books on Demand GmbH, Norderstedt Germany
ISBN: 9783346030771

Dieses Buch bei GRIN:

https://www.grin.com/document/501409

Tim Lutz

Betriebliche Anwendungssysteme. Motivationen und Problematiken bei der Softwareentwicklung

GRIN Verlag

GRIN - Your knowledge has value

Der GRIN Verlag publiziert seit 1998 wissenschaftliche Arbeiten von Studenten, Hochschullehrern und anderen Akademikern als eBook und gedrucktes Buch. Die Verlagswebsite www.grin.com ist die ideale Plattform zur Veröffentlichung von Hausarbeiten, Abschlussarbeiten, wissenschaftlichen Aufsätzen, Dissertationen und Fachbüchern.

Besuchen Sie uns im Internet:

http://www.grin.com/

http://www.facebook.com/grincom

http://www.twitter.com/grin_com

Tim Lutz

Wirtschaftsinformatik - Bachelor of Science (B.Sc.)

Modul ANS40 – Geschäftsprozesse und Anwendungssysteme

Assignment

Aufbau betrieblicher Anwendungssysteme

Abgabetermin: 22.08.19

Inhaltsverzeichnis

Abbildungsverzeichnis

1. Einleitung und Problemstellung

Die Informationstechnologie (IT) ist in der heutigen Zeit die Technologie mit der höchsten Präsenz. Durch eine immense Anzahl an verfügbaren Diensten auf ebenso vielen Endgeräten in sämtlichen Formen, durchdringt sie nahezu alle Lebensbereiche und ist permanent verfügbar. Von der Fahrplanauskunft über Onlineshopping bis hin zum klassischen Telefongespräch umfasst die IT sämtliche Dienste und Methoden zur Übertragung von Informationen und ist somit das dominierende Kommunikationsmittel seit Mitte des 20. Jahrhunderts. Durch die Entwicklung des Internets und die voranschreitende Globalisierung ist die IT nicht nur noch bedeutsamer geworden, sie hat dies überhaupt ermöglicht. Somit ist ihr Einsatz für nahezu jede Unternehmensform unumgänglich geworden.

Das Ziel dieser Arbeit ist es, zu beschreiben, wie eine typische IT-Infrastruktur im Jahr 2019 aufgebaut ist, welche Komponenten vorhanden sind und wie diese miteinander in Verbindung stehen. Zudem soll eine realistische Perspektive ausgearbeitet werden, welche sich schwerpunktmäßig mit Cloud Computing befasst.

Dabei wird die Software im Allgemeinen und die Motivation für ihren Einsatz im Besondern als Ausgangspunkt gewählt Außerdem wird weiterhin erläutert, welche Problematiken und Risiken bei der Entwicklung von Softwaresystemen bestehen und wie diese angegangen werden, um letztendlich eine einsatzfähige Software zu erhalten.

Der erste Teil der Arbeit befasst sich mit den Grundlagen der Informationstechnologie. Dazu gehört der angestrebte Mehrwert durch den Einsatz von IT und durch welche Prinzipien dieser zu erreichen ist. Im zweiten Abschnitt der vorliegenden Arbeit wird der typische Aufbau einer IT-Infrastruktur eines Unternehmens im Jahr 2019 beschrieben. Dieses IT-Konzept soll möglichst allgemein gehalten werden, um als Beispiellösung für eine Vielzahl an unterschiedlichen Unternehmen dienen zu können, unabhängig von Mitarbeiter- oder Standortanzahl und eingesetzter Software. Der letzte Abschnitt befasst sich mit den neuen Einsatzmöglichkeiten durch die sogenannte Cloud.

2. Allgemeines

Da die Ausprägungen der Informationstechnologie in starker Abhängigkeit zum Einsatzzweck stehen, werden in dieser Arbeit nur Aspekte beschrieben, welche die Geschäftswelt betreffen. Vieles davon kann selbstverständlich auch auf den privaten Bereich übertragen werden. Allerdings würde eine Aufzählung aller Merkmale und Möglichkeiten der IT den Rahmen dieser Arbeit überschreiten.

2.1 Nutzen von IT

Doch was ist der generelle Nutzen beim Einsatz von Informationstechnologie? Die Bezeichnung gibt dazu bereits den ersten Hinweis. Die IT ist eine Technologie zur digitalen Bearbeitung, Speicherung und Kommunikation von Informationen.[1] Bei den Informationen kann es sich um Angaben zu diversen geschäftsrelevanten Sachverhalten der Realwelt handeln. Beispiele dafür sind Kundenadressen, Artikelpreise oder Bankverbindungen. Da ein Computer mit einer reinen Information nichts anfangen kann, werden diese als Daten eingespeist, mit welchen der Rechner anschließend arbeiten kann. Die Daten sind nach Verwendungszweck unterschiedlich strukturiert, besitzen verschiedenste Ausprägungen und unterstehen diversen Regeln zur weiteren Nutzung. Dies führt zum großen Vorteil beim Einsatz von Computern gegenüber der Bearbeitung durch Menschen: die enorme Arbeitsgeschwindigkeit. Mit bestimmten Arbeitsregeln und Funktionen können Computer simple Aufgaben deutlich schneller als Menschen erfüllen. Dazu zählen insbesondere Berechnungen, Speicherung und Suchfunktionen von Daten/Informationen. Durch die immer weiter steigende Rechenleistung der Maschinen, können somit auch immer komplexere Aufgaben (sogar simultan) durch Computer erfüllt werden. Der Computer ist somit zum unersetzlichen Werkzeug des Menschen geworden.[2]

---

[1] (Holzinger, 2002)
[2] (Schwickert, 2011)

2.2 Grundprinzipien der IT

Für die konstante und korrekte Bearbeitung der Daten durch einen Computer bestehen bestimmte Grundprinzipien, um eine Konsistenz der Systeme zu bewahren, da kein IT-System dem anderen bis ins Detail gleicht. Durch gewisse Grundprinzipien der Datenbearbeitung, werden die Kommunikation zwischen unterschiedlichen Systemen sowie das sich Zurechtfinden der Anwender deutlich erleichtert. Diese gemeinsame Basis vieler Systeme lässt sich in drei Funktionen aufteilen: das Datenmanagement, die Datensicherheit und die Datensicherung. Anhand derer wird im folgenden Abschnitt der beispielhafte Aufbau einer IT-Infrastruktur erläutert und begründet.

3. Aufbau einer typischen IT-Infrastruktur

Die IT-Infrastruktur oder auch IT-System genannt dient dem jeweiligen Unternehmen im Grunde mit einem einzigen Zweck: die Bereitstellung von Diensten. Damit dies dauerhaft, zuverlässig und in einer annehmbaren Geschwindigkeit ermöglicht werden kann, sind gewisse Maßnahmen notwendig.

Dabei ist anzumerken, dass in dieser Aufstellung keinerlei technische Details wie Rechenleistung, notwendige Festplattenkapazität, Geschwindigkeit der Internetanbindung oder gar der logische Aufbau des Servers (Virtualisierung, Terminalserverfunktion) enthalten sind. Diese Ausprägungen sind von den jeweiligen Unternehmen abhängig und variieren stark nach Anzahl und Verteilung der Mitarbeiter und Anforderungen der eingesetzten Software. Elementar ist lediglich das Vorhandensein der grundlegenden Komponenten und Maßnahmen für den Betrieb eines IT-Systems. Um die weiteren Beschreibungen zu vereinfachen, wird in der Beispielinfrastruktur ein Unternehmen gewählt, welches eine Hauptniederlassung und eine Zweigniederlassung besitzt. In der Hauptniederlassung befindet sich ein Serverraum mit den später erläuterten Rechen- und Zusatzkomponenten, die über ausreichend Rechenleistung für die vorhandenen Mitarbeiter und eingesetzte Software verfügen. Für größere Unternehmen oder Anforderungen kann die Anzahl der Geräte oder die Rechenleistung um den jeweiligen Faktor x erhöht werden. Dadurch bleibt das Konzept so allgemein wie möglich und kann für eine Vielzahl von Unternehmen als Basisplan verwendet werden.

3.1 Netzwerk

Bereits zu Beginn ist zu bestimmen, welche Art von Rechnernetz eingesetzt werden soll, das die späteren Endgeräte mit einander verbindet. Denn die sogenannte Topologie legt fest, wie das Netzwerk physikalisch und logisch aufgebaut ist.[3] Der physikalische Teil beschreibt den Aufbau der Netzwerkverkabelung, wohingegen die logische Topologie den (möglichen) Datenfluss erklärt. Zu nennen sind insbesondere drei Architekturen: das Busnetzwerk, das Ringnetzwerk und das Sternnetzwerk. Ohne

---

[3] (Hauser, 2015)

auf die technischen Einzelheiten einzugehen, sei erwähnt, dass sich die Sterntopologie in der heutigen Zeit gegenüber den anderen durchgesetzt hat und in der deutlichen Mehrheit aller Unternehmen im Einsatz befindet. Nahezu alle gängigen Dienste eines IT-Systems liegen der Sterntopologie zu Grunde, wodurch dieses als Hauptarchitektur angesehen wird. Je nach Anforderung der Unternehmen, kann jedoch auch das Gesamtsystem aus mehreren Teilsystemen mit unterschiedlicher Topologie bestehen.[4]

Da das eigene, physikalische Netzwerk ab einer gewissen Größe an seine Grenzen stößt, können nicht alle Unternehmensniederlassungen über dasselbe Netzwerk verbunden werden. Dies würde den wirtschaftlichen und auch technischen Rahmen sprengen. Eine Lösung für dieses Problem bietet das Internet mit einem Virtual Privatem Network, kurz VPN, welches die Teilnetzwerke über einen eigenen verschlüsselten Tunnel logisch miteinander verbindet.

3.2 Datenmanagement

Das Datenmanagement ist die eigentliche Hauptaufgabe der Informationstechnologie. Zusammenfassend kann beschrieben werden, dass dieses Informationen in Form von Daten zur richtigen Zeit am richtigen Ort zur Verfügung stellt. Um das jedoch auch zu jedem Zeitpunkt, in einer angemessenen Zeitdauer, mit überschaubarem Risiko und vor allem zu wirtschaftlich sinnvollen Kosten zu ermöglichen, sind viele unterschiedlichste Komponenten notwendig.[5]

3.2.1 Server

Da wir uns in einem Netzwerk mit Sterntopologie befinden, beginnen wir mit dem Server, der Hauptkomponente eines jeden Unternehmens. Um diesen besser beschreiben zu können, muss der Begriff Server genauer definiert werden. Das englische Wort Server bedeutet Diener und dies kommt der Haupttätigkeit dessen schon relativ nahe, da der Server im Netzwerk Dienste für Programme und Anwender anbietet. Daher wird die Sterntopologie auch als Client-Server-Netzwerk bezeichnet, denn mit dem Server im Mittelpunkt des Netzwerks, über welchen sämtliche

---

[4] (Tanenbaum, 2012)
[5] (Bodendorf, 2006)

Kommunikation läuft, bildet sich im Verbund mit den Arbeitsplätzen ein (logisches) Sternengebilde. Ebenso wie bei der Topologie muss dabei zwischen dem physikalischen Hardware- und dem logischen Softwareserver unterschieden werden. Der Hardwareserver ist der Großrechner, der die Rechen- und Speicherkapazität für die verschiedenen Dienste und Daten bereitstellt. Der Softwareserver hingegen ist bereits ein Dienst für sich oder kann als Plattform für weitere Dienste genutzt werden. Dafür sind in einem Unternehmen meist mehrere unterschiedliche Softwareserver im Einsatz, die verschiedene Arten von Diensten anbieten. Gängig sind neben Mail-, Web-, Datenbank- und Dateiserver auch Server, die als Verwaltung des Netzwerks und deren Benutzer dienen.[6]

Als Beispiel für einen Client-Server-Dienst kann das häufig vorhandene Warenwirtschaftssystem genannt werden, auch ERP-System (Enterprise Resource Planning) genannt. Dieses datenbankbasierte System wird zur Verwaltung sämtlicher Unternehmensdaten wie z.B. Adressdatensätze, Artikelinfos, Lagerbestände und Preiskalkulationen und Kundeninfos etc. eingesetzt und ist somit das eigentliche Herzstück der Unternehmenstätigkeit. Dazu verfügt sie über diverse Funktionen zur Bearbeitung, Erstellung, Verknüpfung und Auswertung aller Datentypen und ist in den unterschiedlichsten Varianten erhältlich, abhängig von Branche und Anforderungen des Unternehmens. Da es sich beim Warenwirtschaftssystem um große Anwendungen mit viel Bedarf an Rechen- und Speicherkapazität handelt, findet die Datenhaltung auf dem leistungsstarken Server statt und die punktuelle Bearbeitung einzelner Datensätze auf dem Client, dem Programm auf den Arbeitsplätzen der Mitarbeiter.

Da der Server das kritische Element eines Netzwerks darstellt, gilt es diesen vor möglichen Ausfällen zu schützen. Neben den logischen Schutzvorkehrungen der später beschriebenen Datensicherheit, ist es in der physikalischen Ebene ratsam, Komponenten redundant zu nutzen, welche zu Hardwareversagen neigen, wozu insbesondere die Festplatten und Netzteile des Geräts zählen. Darüber hinaus können auch ganze Serversysteme redundant vorhanden sein, falls dies wirtschaftlich sinnvoll ist. Eine Maßnahme gegen Stromausfall ist die unterbrechungsfreie Stromversorgung (USV), ein leistungsstarker Akku, der den Betrieb des Servers trotz fehlenden

---

[6] (Deutsch, Grotemeyer, & Schipmann, 2007)

Netzstroms solange ermöglicht, bis dieser wieder vorhanden ist oder ggfs. ab einer bestimmten Restlaufzeit das Gerät ordnungsgemäß herunterfährt.

3.2.2 Arbeitsplatz

Der klassische (Computer-)Arbeitsplatz eines Mitarbeiters verfügt für die tägliche Arbeit über einen Desktop-PC mit Monitor, Maus, Tastatur und ggfs. ein Telefon. Auf diesem PC sind diverse Hilfsprogramme installiert, die den Büroalltag erleichtern. Zumeist ist dies Office von Microsoft, welches diverse Programme zur Text-, Tabellen-, und E-Mailbearbeitung beinhaltet. Wie bereits erwähnt, ist zudem die Clientversion des ERP-Systems installiert, damit der Mitarbeiter dieses auch verwenden kann. Darüber hinaus ist eine Vielzahl an weiteren Programmen verfügbar, welche für die unterschiedlichsten Anforderungen der Unternehmen ausgelegt sind.

3.3 Datensicherheit

Die Datensicherheit umfasst Methoden, welche zum Schutz der logischen Daten dienen. Hierbei sind die wichtigsten Punkte die dauerhafte Verfügbarkeit, die Vertraulichkeit und die Integrität der Daten. Damit wird sichergestellt, dass die permanent abrufbaren Daten nur von autorisierten Mitarbeitern bzw. Programmen verändert werden dürfen und somit die Konsistenz und die Korrektheit der Daten zu jedem Zeitpunkt gegeben sind. Zusammengefasst gilt es, die Datenbestände vor unbefugten Zugriff zu schützen, dieser kann sowohl aktiv als auch passiv durch Personen und Schadsoftware geschehen.

3.3.1 UTM

Was früher durch mehrere Systeme bewerkstelligt werden musste, kann heute durch ein einziges geleistet werden. Das Unified Threat Management (englisch für einheitliches Gefahren Management), kurz UTM, ist der zentrale Sicherheitspunkt eines jeden Netzwerks. Dieses System beinhaltet alle relevanten Funktionen zur Abwehr von unautorisiertem Zugriff und Schadsoftware von außerhalb des Netzwerks. Zu den Funktionen zählen: Firewall, Virenschutz für Server und Endgeräte, Intrusion Detection (Angriffserkennung), Contentfilter, Webschutz, Mailschutz, Spamfilter und automatische Entfernung von Schadsoftware. Manche Hersteller bieten UTM-Systeme mit entsprechender Zusatzsoftware an, die mit sämtlichen Geräten im Netzwerk kommunizieren, bei der Erkennung einer Gefahr das betroffene Endgeräte vom Netzwerk abkoppeln und die Schadsoftware automatisch entfernen.[7]

3.3.2 Benutzerverwaltung

Zu den deutlich einfacheren, jedoch nicht weniger wichtigen Methoden zählt die durchdachte Benutzerverwaltung des Netzwerks, denn der größte Risikofaktor für ein IT-System ist immer der Anwender. Denn dieser kann selbst ohne böse Absicht allein durch Bedienfehler großen Schaden anrichten. Verhindert wird der unbefugte Zugriff auf das System mittels der Autorisierung des Benutzers durch Passwörter, Chipkarten oder sogar biometrischen Abgleichen. Zudem können durch Benutzerrichtlinien dem jeweiligen Anwender nur Zugriffsmöglichkeiten auf bestimmte Teile des Systems erlaubt werden.

3.4 Datensicherung

Die Datensicherung wird dann relevant, wenn die bereits beschriebenen Sicherheitsmethoden fehlgeschlagen und Daten unrechtmäßig verändert oder gar verloren gegangen sind. Wichtig ist es daher, tägliche Backups der Systeme zu erstellen, um diese ganz oder punktuell wiederherstellen zu können und so den tatsächlichen Datenverlust zu vermeiden. Je nachdem wann, wie oft und wo welche Daten gesichert werden müssen, gibt es unzählige Konzepte mit unterschiedlichen Sicherungsmedien, welche nach ihren Vor- und Nachteilen bei Geschwindigkeit, Preis, Haltbarkeit und Wiederverwendbarkeit bewertet werden müssen. Häufig wird die Tagessicherung auf eine Netzwerkfestplatte (NAS) gespeichert, welches wiederum auf einem externen Medium (LTO, RDX) abgesichert wird. Dieses externe Medium dient dazu, die Daten ‚außer Haus' zu bringen, falls es zu einem Katastrophenfall kommen sollte, bei dem alle Daten verloren gehen, um anschließend noch arbeitsfähig zu sein. Auch hier zeigt sich wieder der Vorteil der Client-Server-Architektur: Daten sollten möglichst zentral gehalten werden, um das Wiederherstellungskonzept zu vereinfachen. So ist es im Normalfall ausreichend, lediglich die Server zu sichern, da auf den lokalen

---

[7] Dabei handelt es sich um die Produkte des Herstellers Sophos

Arbeitsplatzrechnern der Mitarbeiter keinerlei wichtige Daten liegen sollten. Dabei zeigt sich auch hier wieder der Risikofaktor in Form der Arbeitsweise einzelner Mitarbeiter.[8]

3.5 Datenarchivierung

Für Daten, die im täglichen Betrieb nicht mehr benötigt werden, jedoch noch eine rechtliche Aufbewahrungspflicht besitzen, kann ein digitales Datenarchiv erstellt werden. Ähnlich zu den klassischen Archiven mit gedruckten Medien, können hier alle Geschäftsdokumente revisionssicher eingelesen, aufbewahrt und deutlich schneller abgerufen werden. Auch hier gibt es mittlerweile Systeme, die Dokumente einlesen und per Texterkennung automatisch dem richten Verzeichnis oder Vorgang zuordnen und ablegen. Dies hat den Vorteil, dass zum einen viel Lagerfläche und Material eingespart werden kann und zum anderen die Suche und den Abruf der Archivdaten deutlich vereinfachen. Das Datenarchiv wird zumeist auf einem eigenen kleineren Serversystem betrieben, da dies deutlich weniger Rechenleistung benötigt als die Systeme für den Arbeitsalltag.

3.6 Peripherie

Zu einer IT-Infrastruktur zählen auch zusätzliche Geräte wie Drucker, Kopierer, Scanner, mobile Endgeräte und weitere diverse (Produktions-)Maschinen, die mit Daten versorgt oder für Daten sorgen können. Dabei werden immer mehr Geräte mit Netzwerkschnittstellen versehen, die früher zu den analogen Geräten zählten. Ins besondere sei hier das Telefon zu nennen, da dieses mittlerweile durch diverse Anschlussumstellungen immer häufiger IP-basiert und somit ebenfalls im IT-Netzwerk vorzufinden ist.

3.7 Personal

Neben der Hard- und Software des Netzwerks ist auch das dafür zuständige Personal zu nennen. Je nach Unternehmensgröße besteht die IT-Abteilung aus weniger oder

---

[8] (Müller, 2011)

mehr Personal, das für die Einrichtung, Verwaltung, Instandhaltung und Wartung des Netzwerkes verantwortlich ist. Dazu zählt nicht nur die Betreuung der Serversysteme, sondern vor allem auch die Unterstützung der Anwender bei diversen Problemen mit der Technik.

3.8 Netzwerkskizze

Nachfolgend eine Netzwerkskizze, um die Verständlichkeit der beschriebenen Komponenten zu verbessern:

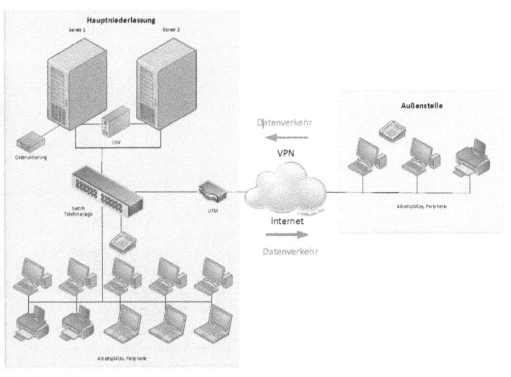

Abb. 1 Netzwerkskizze

4. Cloud Computing

4.1. Was ist Cloud Computing?

Cloud Computing umfasst grundlegend die Möglichkeit, Funktionen eines lokalen IT-Systems über das Internet anzubieten.[9] Dabei kann die gesamte Hard- und Software eines Anwenders bis auf die Endgeräte ausgelagert und an einem externen Standort betrieben werden. Unternehmen, die mehrere Standorte betreiben, welche per VPN auf den Hauptserver zugreifen, betreiben im Prinzip bereits eine eigene private Cloud. Von der eigentlichen Cloud spricht man jedoch dann, wenn Dienste und Funktionen von Drittanbietern geliefert werden. Das Angebot der Cloud reicht vom Onlinespeicherplatz für Privatnutzer bis hin zu kompletten IT-Intrastruktur eines Unternehmens auf die über das Internet zugegriffen wird. Im Gegensatz zur IT im Eigenbetrieb werden Cloudmodelle überwiegend als monatliches Mietmodell abgerechnet, wobei es verschiedene Ausprägungsstufen gibt. So können nicht nur einfache Onlinespeicher gemietet werden, auf dem Daten abgelegt werden können, sondern auch Rechenkapazitäten für eigens eingerichtete oder fremdgewartete Server. Heutzutage steht es den Kunden frei, welche Teile und Funktionen ihrer IT ausgelagert werden sollen, da auch ein Mischbetrieb problemlos möglich ist. Dabei können auch einzelne Dienste in eine eigene IT-Infrastruktur integriert werden, beispielsweise Onlinepostfächer für den Mailverkehr.

4.1.1 Vorteile

Der größte Vorteil der Cloud liegt in ihrer Flexibilität bzw. einfachen Skalierbarkeit. Unternehmen können schnell auf sich ändernde Umstände reagieren, indem Rechen- und Speicherkapazität sowie eventuelle Lizenzen angepasst werden. Dadurch werden aus den fixen Investitionskosten für Serverhardware oder potente Endgeräte variable Kosten, wobei Kosten und Nutzen dem tatsächlichen Bedarf entsprechen. So ist die Cloud eine maßgeschneiderte IT-Lösung, die die Anforderungen zum besten Preis-Leistungs-Verhältnis erfüllt. Zusätzlich werden Kosten für die eigene IT-Administration für Wartung und Pflege deutlich gesenkt, da dies der Anbieter übernimmt. Dazu zählen auch die Datensicherung und die Hochverfügbarkeit der Systeme. Darüber hinaus

---

[9] (Metzger & Villar, 2012)

werden allen Mitarbeitern sämtliche Funktionen der eigenen IT zugänglich gemacht unabhängig davon, an welchem Standort oder Endgerät sie sich befinden. Dies erhöht die Effizienz des Kerngeschäfts, was einen Wettbewerbsvorteil darstellt.[10]

4.1.2 Nachteile

Bei den Nachteilen sticht besonders die Abhängigkeit vom Anbieter ins Auge, welche gleich mehrere negative Aspekte mit sich bringt. Zum einen ist der Kunde abhängig vom Gesamtkonzept des Anbieters. Dieses umfasst die Kompetenz der Mitarbeiter, die Fähigkeit ausreichend Kapazitäten tatsächlich zur Verfügung zu stellen, das Sicherheitskonzept und auch seine finanzielle Situation. Denn eine mögliche Insolvenz und somit Handlungsunfähigkeit hätte gravierende Auswirkungen auf die jeweiligen Cloudkunden. Darüber hinaus bleiben Fragezeichen beim Thema Datenschutz. Der Kunde hat keine eindeutige Gewissheit, wer wie auf teils sensible Unternehmensdaten zugreifen kann. Ebenso besteht eine Gefahr bei Nutzung amerikanischer Cloudanbieter, da diese nicht den deutschen und europäischen Datenschutzrichtlinien unterliegen.[11] Clouddienste bieten zwar theoretisch nahezu unbegrenzte Leistungen an, diese haben jedoch mit der Internetanbindung des Kunden einen Flaschenhals.[12] Besonders in ländlichen Gebieten ist die Übertragungsgeschwindigkeit eher gering und für größere Unternehmen mit viel Datenverkehr ungeeignet. Abschließend sind nicht alle benötigten Systeme cloudfähig und müssen lokal im Unternehmen vorhanden sein. So können zwar Server und deren Kosten ausgelagert werden, Arbeitsplätze und Peripherie werden allerdings immer vor Ort benötigt.

4.2 Ausblick

Mit der weiter fortschreitenden Digitalisierung scheint sicher, dass immer mehr Systeme und Daten in die Cloud wandern werden. Der effiziente Umgang mit Informationen in Form von Daten ist entscheidender Erfolgsfaktor, der durch Nutzung einer Cloud begünstigt werden kann. Durch den Wegfall der Investitions- und Betriebskosten von teurer Serverhardware, wird es vor allem auch für kleinere Unternehmen immer

---

[10] (Cloud Computing, abgerufen am 12.07.19)
[11] (Minnich, aufgerufen am 12.07.19)
[12] (Stimac, abgerufen am 12.07.19)

interessanter, Clouddienste zu nutzen. Somit werden immer mehr Dienste hinzukommen, die zwar momentan nicht cloudfähig sind, jedoch, durch schnellere Internetanbindung, bald sein werden. Trotz allem können und werden nie alle Teile einer IT-Infrastruktur als Clouddienst erhältlich sein. So wird sich die Zukunft der IT in einem hybriden Modell abspielen bei der zwar große Anteile in der Cloud liegen werden, jedoch vieles weiterhin on-premises, vor Ort im Unternehmen.[13]

---

[13] (Sundermann, abgerufen am 12.07.19)

5. Literaturverzeichnis

Bodendorf, P. D. (2006). *Daten- und Wissensmanagement.* Springer.

Cloud Computing. (abgerufen am 12.07.19). Von Scopevisio: https://www.scopevisio.com/blog/cloud-computing/10-vorteile-im-cloud-computing/#gref abgerufen

Deutsch, M., Grotemeyer, H.-W., & Schipmann, V. (2007). *IT-planung für Unternehmensgründer.* Vieweg+Teubner.

Hauser, B. J. (2015). *Fachwissen Netzwerktechnik.* Europa-Lehrmittel-Verlag.

Holzinger, A. (2002). *Informationstechnik.* Vogel.

Metzger, C., & Villar, J. (2012). *Cloud-Computing.*

Minnich, S. (aufgerufen am 12.07.19). *Die Vorteile und Nachteile des Cloud Computing.* Von heise.de: https://www.heise.de/download/blog/Die-Vorteile-und-Nachteile-des-Cloud-Computing-3713041 abgerufen

Müller, K.-R. (2011). *IT-Sicherheit mit System.* VIEWEG.

Schwickert, P. D. (2011). *IT-Management.* Uni Giessen.

Stimac, M. (abgerufen am 12.07.19). *Wo die Cloud hilft - und wo nicht.* Von golem.de: https://www.golem.de/news/aws-azure-alibaba-ibm-cloud-wo-die-cloud-hilft-und-wo-nicht-1901-138497.html abgerufen

Sundermann, M. (abgerufen am 12.07.19). *Blick in die Zukunft auf dem Weg zur Multi Cloud Aera.* Von qsc.de: https://blog.qsc.de/2017/05/blick-in-die-zukunft-auf-dem-weg-zur-multi-cloud-aera/ abgerufen

Tanenbaum, A. S. (2012). *Computernetzwerke.* Pearson Studium.